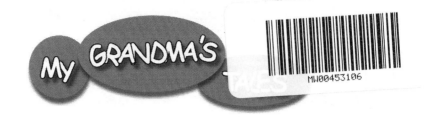

Matemáticas para niños bilingües

Math for Bilingual Kids

Spanish - English Book

by Svetlana Bagdasaryan

cero	0	zero
uno	1	one
dos	2	two
tres	3	three
cuatro	4	four
cinco	5	five
seis	6	six
siete	7	seven
ocho	8	eight
nueve	9	nine
diez	10	ten

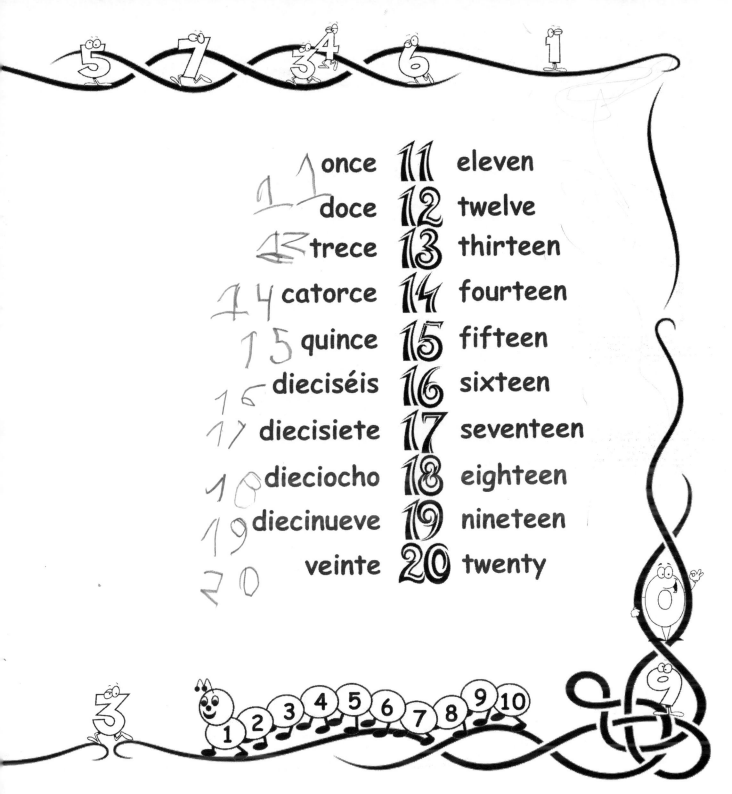

once	**11**	eleven
doce	**12**	twelve
trece	**13**	thirteen
catorce	**14**	fourteen
quince	**15**	fifteen
dieciséis	**16**	sixteen
diecisiete	**17**	seventeen
dieciocho	**18**	eighteen
diecinueve	**19**	nineteen
veinte	**20**	twenty

diez	10	ten
veinte	20	twenty
treinta	30	thirty
cuarenta	40	forty
cincuenta	50	fifty
sesenta	60	sixty
setenta	70	seventy
ochenta	80	eighty
noventa	90	ninety
cien	100	one hundred

Spanish	Number	English
doscientos	200	two hundred
trescientos	300	three hundred
cuatrocientos	400	four hundred
quinientos	500	five hundred
seiscientos	600	six hundred
setecientos	700	seven hundred
ochocientos	800	eight hundred
novecientos	900	nine hundred
mil	1000	one thousand
dos mil	2000	two thousand
tres mil	3000	three thousand

treinta y dos	32	thirty-two
sesenta y ocho	68	sixty-eight
sesenta y dos	62	sixty-two
veintiséis	32	twenty-six
cincuenta y cuatro	54	fifty-four
noventa y tres	____	ninety-three
setenta y siete	____	seventy-seven
ochenta y uno	____	eighty-one
cuarenta y cinco	____	forty-five
veintinueve	____	twenty-nine

6

trescientos treinta y dos	332	three hundred thirty-two
dos mil cien	2100	two thousand one hundred
ciento veinticuatro	____	one hundred twenty-four
quinientos quince	____	five hundred fifteen
doscientos veinte	____	two hundred twenty
quinientos once	____	five hundred eleven
setecientos cuarenta y uno	____	seven hundred forty-one
mil ochenta	____	one thousand eighty
dos mil cuarenta y tres	____	two thousand forty-three
cinco mil cuarenta y tres	____	five thousand forty-three

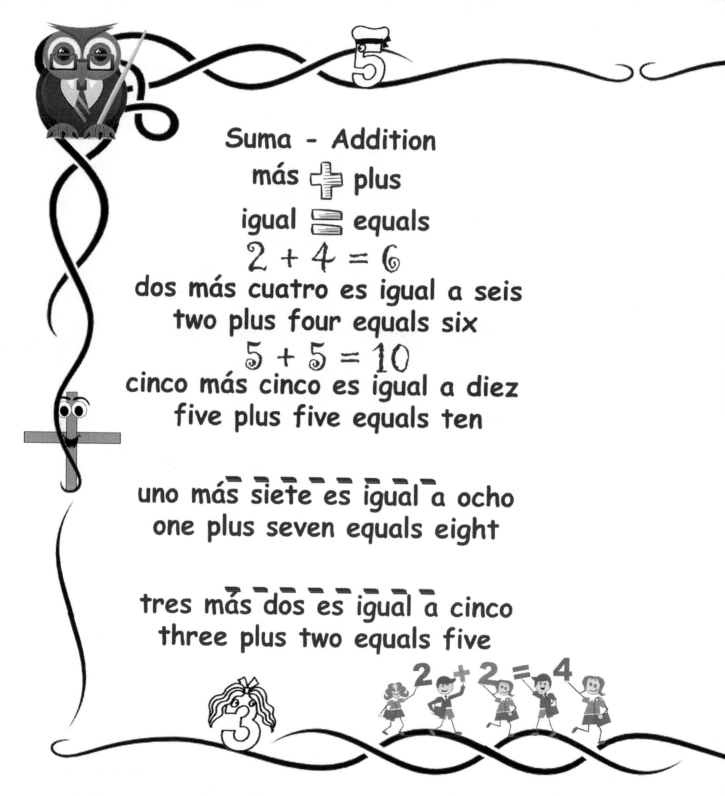

Suma - Addition

más ✚ plus

igual ＝ equals

$2 + 4 = 6$

dos más cuatro es igual a seis
two plus four equals six

$5 + 5 = 10$

cinco más cinco es igual a diez
five plus five equals ten

uno más siete es igual a ocho
one plus seven equals eight

tres más dos es igual a cinco
three plus two equals five

seis más cinco es igual a once
six plus five equals eleven

diez más siete es igual a diecisiete
ten plus seven equals seventeen

ocho más cinco es igual a trece
eight plus five equals thirteen

nueve más siete es igual a dieciséis
nine plus seven equals sixteen

diez más dos es igual a doce
ten plus two equals twelve

Resta - Subtraction
menos 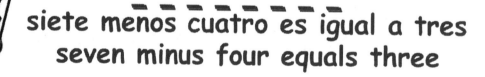 minus

$$8 - 5 = 3$$

ocho menos cinco es igual a tres
eight minus five equals three

$$10 - 1 = 9$$

diez menos uno es igual a nueve
ten minus one equals nine

siete menos cuatro es igual a tres
seven minus four equals three

seis menos seis es igual a cero
six minus six equals zero

diez menos cuatro es igual a seis
ten minus four equals six

doce menos tres es igual a nueve
twelve minus three equals nine

trece menos seis es igual a siete
thirteen minus six equals seven

veinte menos diez es igual a diez
twenty minus ten equals ten

Multiplicación - Multiplication

multiplicar ✖ to multiply

$$3 \times 2 = 6$$

tres por dos es igual a seis
three times two equals six

$$5 \times 2 = 10$$

cinco por dos es igual a diez
five times two equals ten

- - - - - - - - -

dos por uno es igual a dos
two times one equals two

- - - - - - - -

siete por cero es igual a cero
seven times zero equals zero

diez por dos es igual a veinte
ten times two equals twenty

cinco por tres es igual a quince
five times three equals fifteen

cuarenta por uno es igual a cuarenta
forty times one equals forty

seis por cinco es igual a treinta
six times five equals thirty

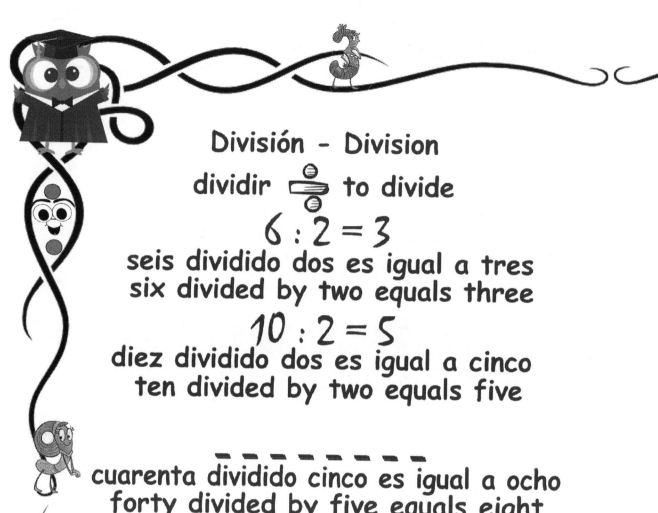

División - Division

dividir ➗ to divide

$6 : 2 = 3$

seis dividido dos es igual a tres
six divided by two equals three

$10 : 2 = 5$

diez dividido dos es igual a cinco
ten divided by two equals five

- - - - - - - - - -

cuarenta dividido cinco es igual a ocho
forty divided by five equals eight

- - - - - - - - -

siete dividido por uno es igual a siete
seven divided by one equals seven

ocho dividido cuatro es igual a dos
eight divided by four equals two

nueve dividido tres es igual a tres
nine divided by three equals three

doscientos dividido cien es igual a dos
two hundred divided by one hundred equals two

cien dividido diez es igual a diez
one hundred divided by ten equals ten

Formas geométricas - Shapes

círculo — circle

ovalo — ellipse

cuadrado — square

rectángulo — rectangle

trapecio — trapeze

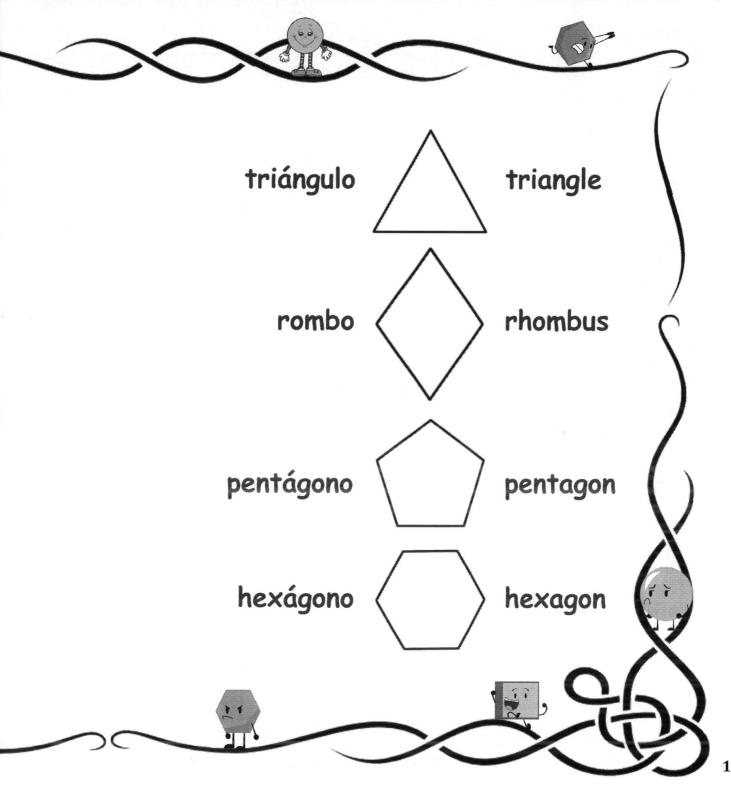

triángulo — triangle

rombo — rhombus

pentágono — pentagon

hexágono — hexagon

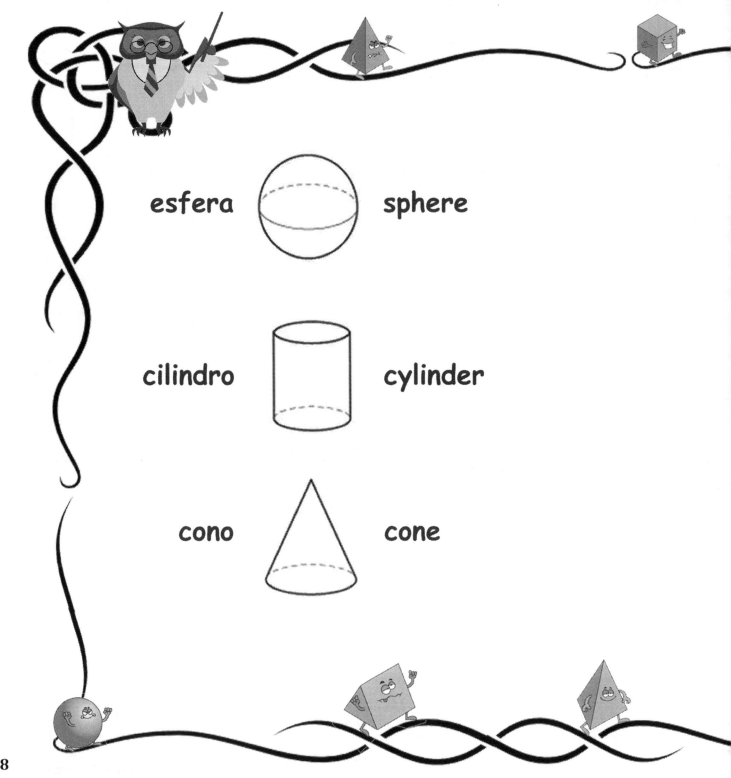

esfera — sphere

cilindro — cylinder

cono — cone

18

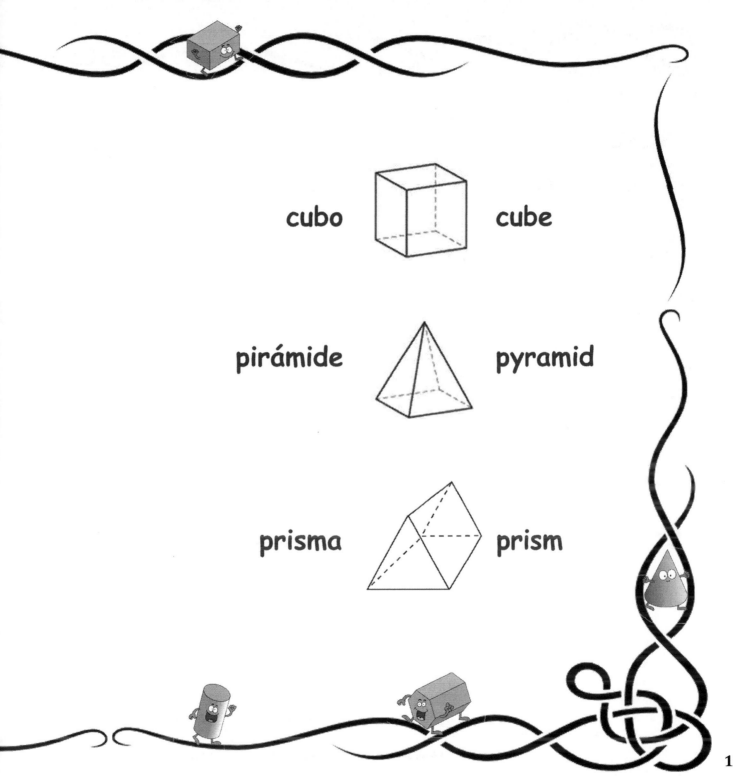

cubo   cube

pirámide   pyramid

prisma   prism

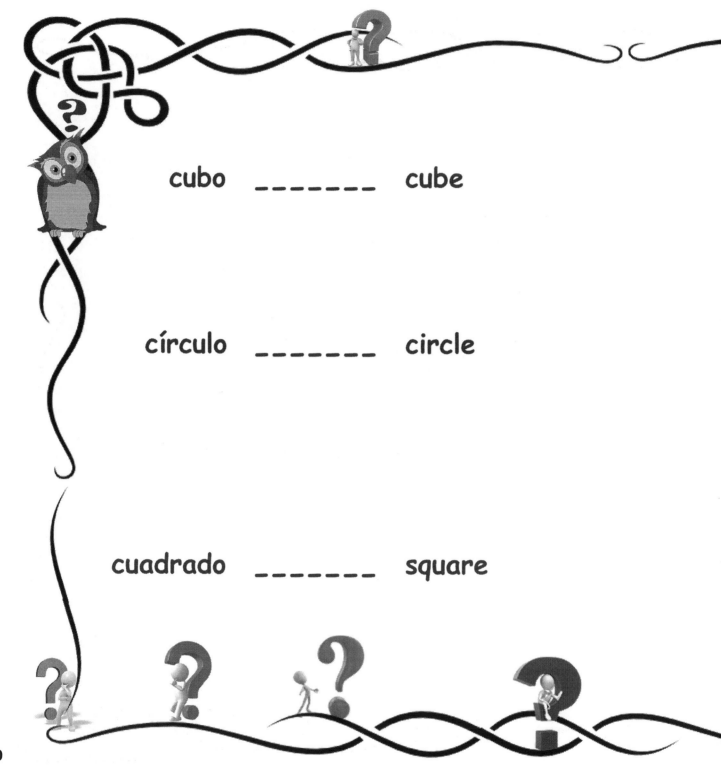

cubo _ _ _ _ _ _ _ cube

círculo _ _ _ _ _ _ _ circle

cuadrado _ _ _ _ _ _ _ square

cono _ _ _ _ _ _ _ cone

ovalo _ _ _ _ _ _ _ ellipse

trapecio _ _ _ _ _ _ _ trapeze

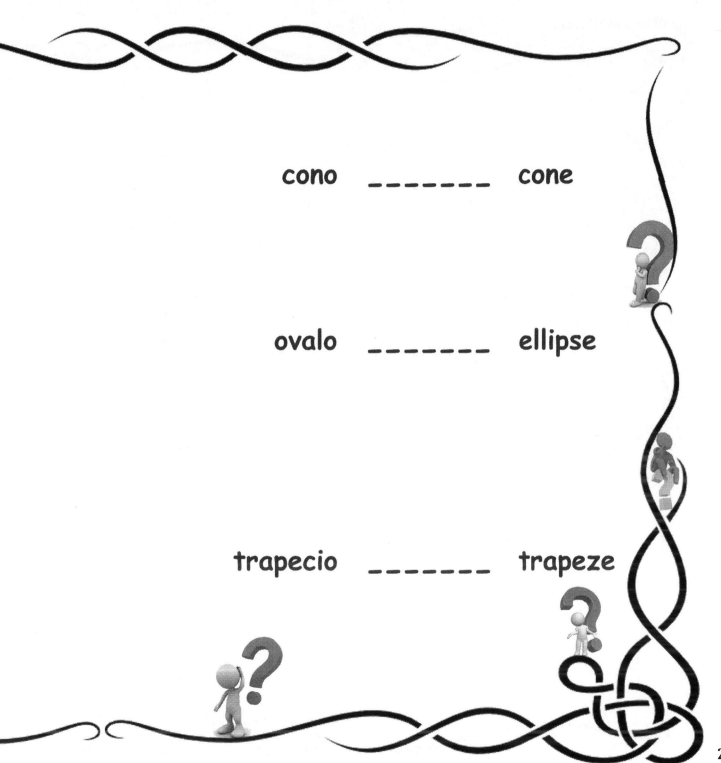

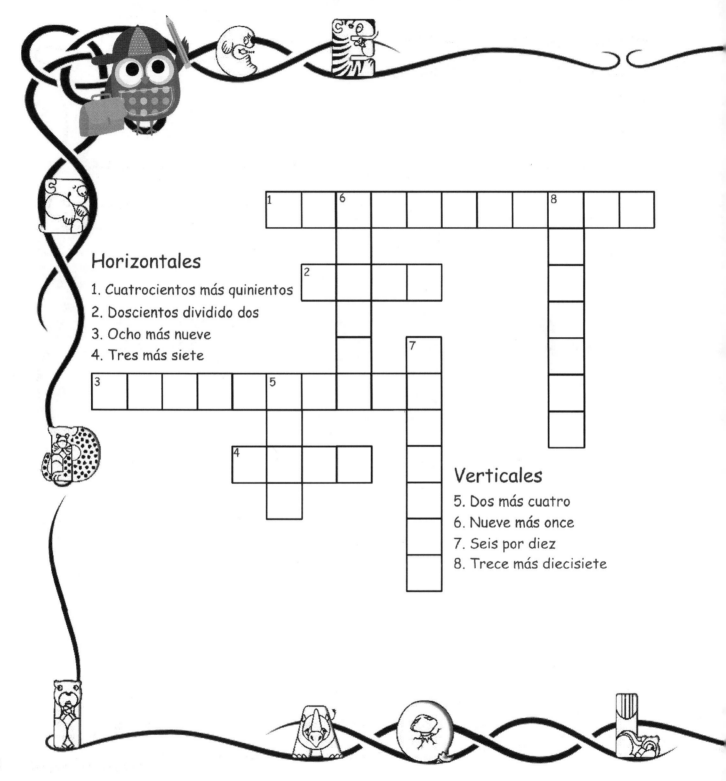

Horizontales

1. Cuatrocientos más quinientos
2. Doscientos dividido dos
3. Ocho más nueve
4. Tres más siete

Verticales

5. Dos más cuatro
6. Nueve más once
7. Seis por diez
8. Trece más diecisiete

Across

1. Thirty times three
2. Twenty minus two
3. Ten plus three
4. Thirty two divided by four

Down

5. Ten minus nine
6. Five times four
7. Thirty seven minus seven
8. Twenty divided by two

Made in the USA
San Bernardino, CA
09 October 2018